Christine Sinnwell-Backes
& Timo Backes

Familienrezepte mit Fertig-Blätterteig

unter Mitwirkung
von Julian & Elisa Backes

Bassermann

Inhalt

In **12** Schritten zum perfekten Blätterteig

**1 ** Tiefkühlblätterteig muss immer vollständig aufgetaut sein. Generell lässt sich Blätterteig bei Raumtemperatur am besten verarbeiten.

**2 ** Blätterteig darf ausgerollt, aber niemals geknetet werden. Dadurch würden seine feinen Schichten zerstört werden.

**3 ** Beim Schneiden des Teigs ein scharfes Messer benutzen, so werden die Ränder nicht eingedrückt und gehen beim Backen schön auf.

**4 ** Einen schönen Glanz bekommt Blätterteig, wenn er mit einem Eigelb bestrichen wird. Das Eigelb darf aber nicht über die Ränder laufen, weil diese sonst verkleben und nicht gut aufgehen.

**5 ** Formen und Bleche besser mit Butter oder Margarine als mit Öl einfetten.

**6 ** Sprenkelt man etwas Wasser aufs Blech, geht der Teig durch den Wasserdampf besonders schön auf.

**7 ** Ober- und Unterhitze sind für Blätterteig besser geeignet als die Umluftfunktion.

**8 ** Der Ofen muss für Blätterteig immer vorgeheizt sein! Der Teig braucht direkt eine hohe Temperatur, wenn er in den Ofen geschoben wird.

**9 ** Die perfekte Backtemperatur liegt bei 200 bis 220 °C.

**10 ** Nach dem Backen das Gebäck sofort aus dem Ofen und vom Backblech nehmen und gegebenenfalls auf einem Kuchengitter auskühlen lassen.

**11 ** Soll der Teig an einigen Stellen nicht so hoch aufgehen, sticht man diese Stellen mit der Gabel ein.

**12 ** Frisch schmeckt Blätterteig am besten. Allerdings lassen sich Tartes, Quiches und Co. gut einfrieren und später wieder aufbacken.

TIPP In gut sortierten Supermärkten findet man in der Tiefkühlabteilung oft auch glutenfreien Blätterteig, den man bei einer Glutenunverträglichkeit wählen kann.

Kasseler im Blätterteigmantel

Für 4 Portionen
Zubereitung: 20 Minuten
Garzeit: 50 + 30 Minuten
Abkühlzeit: 10 Minuten

600 g ausgelöstes Kasseler-
    kotelett
1 Zwiebel
150 g Champignons
50 g geräucherter Speck
Salz, Pfeffer
Blätterteig, ca. 270 g
50 g Leberwurst
200 g gemischtes Hackfleisch
1 EL Senf
1 Ei
1 Eigelb mit 2 EL Milch
    verquirlen

TIPP Das klassische Sonn-
tagsessen kann gut mit Püree
oder Salzkartoffeln und dazu
einem Lieblingsgemüse ser-
viert werden.

**1 ** Das Kasseler in 2 Liter kochendes Wasser geben und bei geschlossenem Deckel 50 Minuten kochen. Anschließend herausnehmen und abkühlen lassen.

**2 ** Die Zwiebel schälen und fein würfeln. Die Champignons waschen und in kleine Würfel schneiden. Den Speck fein würfeln und in einer Pfanne anbraten. Zwiebel und Champignons zugeben und mitbraten. Mit Salz und Pfeffer würzen und abkühlen lassen.

**3 ** Den Backofen auf 200 °C Ober-/Unterhitze vorheizen und ein Backblech mit Backpapier auslegen und mit Wasser besprenkeln.

**4 ** Für die Füllung Leberwurst, Hackfleisch, Senf und Ei mit der abgekühlten Pilzmasse verkneten.

**5 ** Den Blätterteig ausrollen und die Füllung so auf dem Blätterteig verteilen, dass rundum ein Rand von mindestens 3 cm frei bleibt. Die freien Ränder mit Wasser einpinseln.

**6 ** Das abgekühlte Kasseler auf die Füllung geben und in den Teig einwickeln, die Ränder gut zusammendrücken.

**7 ** Die Blätterteigrolle mit der Nahtseite nach unten auf das Backpapier legen und mit dem verquirlten Eigelb einpinseln.

**8 ** Die Ofentemperatur auf 175 °C Ober-/Unterhitze zurückschalten und die Rolle ca. 30 Minuten auf der mittleren Backschiene backen.

Putenfilet in Blätterteig

Für 4 Portionen
Zubereitung: 30 Minuten
Garzeit: 30 Minuten
Abkühlzeit: 20 Minuten

1 Putenfilet
1 EL Olivenöl
2 Schalotten
150 g Champignons
3 Zweige Thymian
50 g Schinkenwürfel
50 g Sahne
1 EL Senf
Rosmarin
Paprika edelsüß
Pfeffer, Salz
Blätterteig, ca. 275 g
1 Eigelb

TIPP Hierzu passen gut Bandnudeln und eingemachte rote Bete aus dem Glas.

1 \\ Den Backofen auf 200 °C Ober- und Unterhitze vorheizen und ein Backblech mit Backpapier auslegen und mit Wasser besprenkeln.

2 \\ Das Putenfilet waschen und trockentupfen. Das Filet in Olivenöl scharf anbraten und abkühlen lassen.

3 \\ Die Schalotten schälen und fein würfeln. Die Champignons putzen und in kleine Würfel schneiden. Den Thymian waschen und die Blätter vom Stiel zupfen.

4 \\ Für die Füllung die Schalotten im Öl andünsten, Schinkenwürfel zugeben und kurz mitbraten. Anschließend die Champignons zugeben und 5 Minuten braten. Sahne, Senf und Thymian zugeben und mit Rosmarin, Paprikapulver, Salz und Pfeffer gut würzen. Anschließend die Masse abkühlen lassen.

5 \\ Den Blätterteig auf dem Blech ausrollen und die abgekühlte Füllung darauf verteilen. Dabei darauf achten, dass rundum ein ca. 1–2 cm breiter Rand frei bleibt. Den Rand mit Wasser einpinseln.

6 \\ Das abgekühlte Putenfilet im Ganzen auf die Füllung legen, in den Blätterteig einwickeln und die Ränder gut zusammendrücken.

7 \\ Mit der Nahtseite nach unten auf das Backpapier legen und mit dem Eigelb einpinseln.

8 \\ Die Ofentemperatur auf 180 °C Ober-/Unterhitze zurückschalten und die Blätterteigrolle ca. 30 Minuten auf der mittleren Backschiene backen.

Hähnchenbrustfilet in Pesto

Für 4 Portionen
Zubereitung: 30 Minuten
Garzeit: 15–20 Minuten

2 Hähnchenbrustfilets
1 EL Olivenöl
Salz, Pfeffer
Blätterteig, ca. 150 g
4 große Scheiben Schinken
1 Eigelb

FÜR DAS PESTO
20 g Pinienkerne
1 Knoblauchzehe
¼ Teelöffel Salz
25 g Basilikum, gehackt
25 g Parmesan, gerieben
60 g natives Olivenöl
Saft von ½ Limette oder
　Zitrone

**1 ** Den Backofen auf 200 °C Ober- und Unterhitze vorheizen und ein Backblech mit Backpapier auslegen und mit Wasser besprenkeln.

**2 ** Die Hähnchenbrustfilets waschen und trockentupfen. Das Olivenöl in einer Pfanne erhitzen und die Filets auf beiden Seiten jeweils 3 Minuten scharf anbraten, anschließend mit Salz und Pfeffer würzen und abkühlen lassen.

**3 ** Für das Pesto die Pinienkerne kurz in einer Pfanne ohne Zugabe von Fett anrösten, kurz abkühlen lassen. Die Knoblauchzehe schälen und zusammen mit Pinienkernen, Salz, Basilikum, Parmesan, Limettensaft und Olivenöl in ein schmales Gefäß füllen und mit dem Pürierstab fein pürieren.

**4 ** Den Blätterteig ausrollen und halbieren (zu 2 Stücken von ca. 24 cm x 20 cm), dünn mit einem Teil des Pestos bestreichen und mit Schinken bedecken. Die abgekühlten Hähnchenbrustfilets mit Pesto bestreichen, längs hintereinander auf den Schinken legen und den Teig zusammenrollen.

**5 ** Die Enden der Blätterteigrolle fest zusammendrücken und den Blätterteig mit dem Eigelb bestreichen. Mit der Nahtseite nach unten auf das Backpapier legen.

**6 ** Die Blätterteigrolle 15 bis 20 Minuten bei 200 °C Ober- und Unterhitze auf der mittleren Backschiene backen.

TIPP Zu den Filets schmecken Spätzle, Tortellini oder Salzkartoffeln. Sie können natürlich auch gekauftes Pesto nehmen.

Nudelauflauf

Für 4 Portionen
Zubereitung: 20 Minuten
Garzeit: 30 Minuten

150 g Penne oder eine andere
    Nudelart
1 Rolle Blätterteig, ca. 270 g
100 g Kirschtomaten
100 g Erbsen, TK oder
    Konserve
150 g Reibekäse
4 Eier
150 g Kräuterfrischkäse
1 EL Tomatenmark
Salz, Pfeffer, Muskatnuss

1 \\ Die Nudeln nach Packungsanleitung kochen, abgießen und abtropfen lassen.

2 \\ Den Backofen auf 200 °C Ober- und Unterhitze vorheizen. Eine Auflaufform einfetten, den Blätterteig in Form rollen und in der Form auslegen. Den Teig mehrmals mit der Gabel einstechen.

3 \\ Die Tomaten waschen und halbieren. Zusammen mit Nudeln, Erbsen und der Hälfte des Käses auf dem Blätterteig verteilen.

4 \\ Eier, Frischkäse und Tomatenmark verquirlen und kräftig würzen. Gleichmäßig über der Füllung verteilen.

5 \\ Die Ofentemperatur auf 180 °C Ober-/Unterhitze zurückschalten. Den restlichen Käse auf den Nudeln verteilen und den Nudelauflauf für 30 Minuten auf der mittleren Schiene backen.

TIPP In diesem Rezept lassen sich sehr gut Reste verwerten. Ob Schinken, Salami oder Paprika: der Auflauf lässt sich leicht variieren.

Partykranz

Für 20 Portionen
Zubereitung: 25 Minuten
Garzeit: 20 Minuten

Blätterteig, ca. 700 g
1 rote und 1 gelbe Paprika
100 g Salami
100 g Kochschinken
100 g Frischkäse
200 g Reibekäse
Salz, Pfeffer, Oregano
1 Ei
2–3 EL Sesam

1 \\ Den Ofen auf 200 °C Ober- und Unterhitze vorheizen. Ein Backblech mit Backpapier auslegen und mit Wasser besprenkeln.

2 \\ Den Blätterteig in ca. 20 gleich große Dreiecke schneiden. Diese auf dem Backblech zu einem Stern zusammenlegen, so dass jeweils ein Dreieck mit zwei anderen verbunden ist. Die Verbindungsstücke fest andrücken.

3 \\ Paprika, Salami und den Schinken in feine Würfel schneiden, mit Frischkäse und Reibekäse vermischen und kräftig würzen. Die Mischung gleichmäßig als Ring auf dem Blätterteigstern verteilen, so dass die äußeren Spitzen frei bleiben.

4 \\ Nun die Spitzen zur Mitte hin einschlagen und gut festdrücken.

5 \\ Das Ei verquirlen und die Oberseite des Blätterteigs damit bestreichen. Mit dem Sesam bestreuen und für ca. 20 Minuten auf der mittleren Schiene im Ofen backen.

TIPP Der Partykranz lässt sich sehr leicht an die Vorlieben der Gäste anpassen. Vegetarier dabei? Dann lässt man für die Hälfte des Belags die Wurst weg und ersetzt diese durch mehr Gemüse. Kleine Markierungen wie eingeritzte Kreuze erlauben es den Gästen nachher zu erkennen, welche Dreiecke wie gefüllt sind.

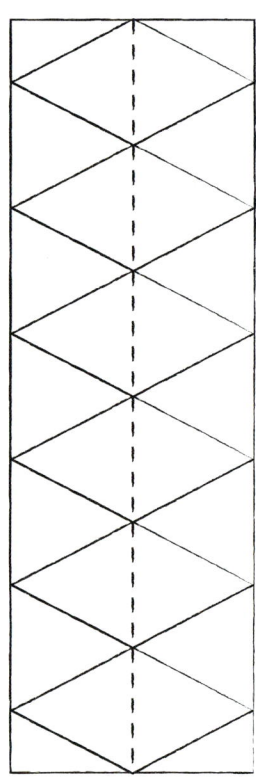

Pikanter Kuchen
mit Lauch und Spinat

**Für 1 Gugelhupfform,
28 cm Durchmesser**
Zubereitung: 15 Minuten
Garzeit: 30 Minuten
Stehzeit: 10 Minuten

Blätterteig, ca. 270 g
etwas Butter
250 g Lauch
100 g TK-Spinat, aufgetaut
4 Eier
200 g Kräuterfrischkäse
Muskat, Salz, Pfeffer
4 kleine Tomaten
100 g geriebener Käse
1 Handvoll frische Kräuter
    wie Oregano, Rosmarin
    oder Schnittlauch

**1 ** Den Backofen auf 220 °C Ober- und Unterhitze vorheizen. Eine Gugelhupfform dünn mit Butter einfetten, den Blätterteig schwach ausrollen und die Form damit auslegen.

**2 ** Den Lauch waschen und in feine Ringe schneiden. Mit etwas Butter in einer Pfanne anschwitzen. Den aufgetauten Spinat dazugeben und einige Minuten mit andünsten.

**3 ** Die Eier in einer Schüssel mit dem Frischkäse verquirlen und kräftig würzen.

**4 ** Die Tomaten waschen, würfeln und mit Spinat, Lauch, der Hälfte des geriebenen Käses und der Frischkäsemasse vermischen. Nach Belieben Kräuter waschen, trocknen, fein hacken und unterrühren.

**5 ** Die Füllung auf dem Blätterteig verteilen und mit dem restlichen Reibekäse bestreuen.

**6 ** Die Ofentemperatur auf 200 °C Ober-/Unterhitze zurückschalten. Den Kuchen für 30 Minuten auf der mittleren Schiene backen, nach der Hälfte der Zeit die Hitze eventuell auf 180 °C stellen.

**7 ** Den Kuchen aus dem Ofen nehmen und ca. 10 Minuten abkühlen lassen. Dann vorsichtig stürzen.

TIPP Für dieses Rezept können Sie auch frischen, geputzten Spinat verwenden. Sehr fein wird der Kuchen auch, wenn man 100 g Räucherlachs ergänzt, der klein geschnitten ebenfalls auf dem Blätterteig verteilt wird.

Mediterrane Pizza

Für 4 Portionen
Zubereitung: 20 Minuten
Garzeit: 18 Minuten

1 Zwiebel
4 Scheiben Chorizo oder
    Salami
2 Scheiben Koch- oder
    Serrano-Schinken
200 g Cherrytomaten
2 EL schwarze Oliven
4 Zweige Thymian
1 EL Olivenöl
400 g Crème fraîche
Pfeffer, Salz
200 g Reibekäse
Blätterteig, ca. 700 g

**1 ** Den Backofen auf 200 °C Umluft vorheizen. Ein Back-blech mit Backpapier belegen und mit Wasser besprenkeln.

**2 ** Die Zwiebel schälen und fein würfeln. Chorizo und Schinken fein würfeln. Tomaten und Oliven halbieren. Die Thymianblätter von den Zweigen abzupfen und fein hacken.

**3 ** In einer Pfanne die Zwiebel in Olivenöl kurz anbraten. Chorizo und Schinken zugeben und 2 Minuten mitbraten.

**4 ** Die Crème fraîche in eine Schüssel geben und die Chorizo-Masse hinzufügen. Den Thymian zugeben und gut verrühren. Mit Pfeffer und Salz würzen.

**5 ** Den Blätterteig ausrollen, auf das Backblech legen und die Masse auftragen. Tomaten und Oliven darauf verteilen und Reibekäse darüber streuen.

**6 ** Die Pizza auf der mittleren Backschiene ca. 18 Minuten bei 200 °C Ober- und Unterhitze backen.

TIPP Schmeckt auch sehr gut mit Rucola, der nach dem Backen auf der Pizza verteilt wird.

Regenbogenpizza

Für 1 Backblech
Zubereitung: 15 Minuten
Garzeit: 20 Minuten

Blätterteig, ca. 700 g
150 g Kräuterfrischkäse
Oregano, Salz, Pfeffer
500 g buntes Gemüse nach
    Wahl, zum Beispiel Karot-
    ten, Paprika, Cocktail-
    tomaten, Mais, rote Zwie-
    bel, rote Bete, Brokkoli
125 g Mozzarella

**1 ** Den Ofen auf 200 °C Ober- und Unterhitze vorheizen. Ein Backblech mit Backpapier auslegen und mit Wasser besprenkeln. Den Blätterteig ausrollen, auf das Backblech legen, mit dem Kräuterfrischkäse bestreichen und mit Salz, Pfeffer und Oregano kräftig würzen.

**2 ** Das Gemüse waschen und klein schneiden. Nach Regenbogenfarben sortiert streifenweise auf der Pizza verteilen. Den Mozzarella in feine Würfel schneiden und darüber verteilen.

**3 ** Die Pizza ca. 20 Minuten auf der mittleren Schiene backen.

TIPP Dieses Rezept eignet sich prima zur Resteverwertung. Die Zutaten lassen sich einfach austauschen und variieren – auch was die Mengen angeht. Statt Kräuterfrischkäse kann auch Tomatensauce unter das Gemüse. Je nach Sorte muss das Gemüse eventuell vorgegart werden.

Quiche Lorraine

Für 1 Quicheform,
ca. 26 cm Durchmesser
Zubereitung: 10 Minuten
Garzeit: 30 Minuten

Blätterteig ca. 270 g
150 g gekochter Schinken
125 g roher Schinken
250 g Gouda, gerieben
4 Eier
125 g saure Sahne
Salz, Pfeffer, Paprikapulver
    edelsüß
Butter

**1 ** Den Ofen auf 200 °C Ober- und Unterhitze vorheizen. Die Form leicht mit Butter bestreichen.

**2 ** Den Teig in die Form geben und gleichmäßig zurechtschneiden.

**3 ** Den Schinken würfeln. Eier und saure Sahne mit dem Handmixer schaumig rühren. Käse, Schinkenwürfel und Gewürze hinzufügen und noch einmal verrühren.

**4 ** Die Masse in die Form füllen und für 30 Minuten auf der mittleren Schiene im Ofen backen, bis die Masse goldbraun ist. Mit der Stäbchenprobe kontrollieren, ob die Masse gestockt ist. Sofort servieren.

TIPP Klassisch wird die Quiche Lorraine mit Schinken zubereitet. Blitzschnell lässt sich das Grundrezept aber auch in eine vegetarische Variante verwandeln, indem man den Schinken durch die gleiche Menge Lieblingsgemüse ersetzt. Gemüse mit langer Garzeit müssen eventuell vorgegart werden.

Kartoffel-Quiche

**Für 1 Quicheform,
ca. 28 cm Durchmesser**
Zubereitung: 15 Minuten
Garzeit: 10 + 45 Minuten

Blätterteig, ca. 270 g
700 g festkochende Kartoffeln
8 Zweige Thymian
200 g Gouda, gerieben
100 g Sahne
½ Bund Petersilie, gehackt
½ Bund Schnittlauch, gehackt
100 g Frischkäse
1 TL Senf
1 TL Saft von einer Zitrone
3 Eier
Salz, Pfeffer, Paprikapulver
    edelsüß

**1 ** Die Kartoffeln schälen, waschen und in ca. 1 cm dicke Scheiben und anschließend in Stifte schneiden. In leicht gesalzenem, kochendem Wasser ca. 10 Minuten kochen. Dann abtropfen lassen.

**2 ** Den Backofen auf 200 °C Ober- und Unterhitze vorheizen. Die Backform mit Blätterteig auslegen und den Teig auch am Rand verteilen.

**3 ** Den Thymian waschen und trocknen, die Blätter vom Stiel zupfen. Thymian, die übrigen Kräuter zusammen mit Zitronensaft und Kartoffeln in einer Schüssel vermischen. Salzen und auf dem Blätterteig verteilen.

**4 ** Gouda mit Sahne, Eiern und Frischkäse verrühren. Den Senf dazugeben und kräftig mit Salz, Pfeffer und Paprikapulver würzen.

**5 ** Die Masse auf die Kartoffeln geben. Die Ofentemperatur auf 180 °C zurückdrehen und die Quiche ca. 45 Minuten auf der mittleren Schiene goldbraun backen. Mit der Stäbchenprobe testen, ob die Kartoffeln gar sind.

TIPP Ein Teil der Kartoffeln kann auch durch in Scheiben geschnittene Karotten ersetzt werden. Auch diese müssen vorher kurz gekocht werden. Etwas mehr Raffinesse bekommt das Gericht, wenn man statt Gouda kräftigeren Käse oder Ziegenkäse verwendet.

Frühlingsgemüse-Tarte

**Für 1 Tarteform,
ca. 28 cm Durchmesser**
Zubereitung: 20 Minuten
Garzeit: 25–30 Minuten

Blätterteig, ca. 270 g
1 Schalotte
200 g Kohlrabi
6 kleine Möhren
etwas Butter
150 ml Gemüsebrühe
1 Knoblauchzehe, zerdrückt
100 g Erbsen, TK oder
    Konserve
Salz, Pfeffer, Muskatnuss

FÜR DEN GUSS

150 g Frischkäse
150 g Sahne
70 ml Milch
3 Eier
30 g Parmesan, gerieben
1 Handvoll frische Kräuter,
    z. B. Dill, Petersilie, Schnitt-
    lauch

**1 ** Den Backofen auf 200 °C Ober- und Unterhitze vorheizen und die Tarteform mit Butter einfetten. Den Blätterteig vorsichtig in die Form drücken.

**2 ** Für die Füllung die Schalotte schälen und fein würfeln. Kohlrabi und Möhren schälen und in dünne Scheiben schneiden.

**3 ** Schalotte mit Knoblauch in etwas Butter andünsten. Kohlrabi und Möhren hinzugeben und zusammen mit der Gemüsebrühe andünsten, bis das Wasser verkocht ist. Die Erbsen hinzufügen. Mit Salz, Pfeffer und Muskatnuss würzen und auf dem Blätterteig verteilen.

**4 ** Für den Guss Frischkäse, Parmesan, Sahne, Milch und Eier glatt mixen und die Kräuter unterheben. Ebenfalls mit Salz, Pfeffer und Muskatnuss würzen. Auf dem Gemüse verteilen und ca. 25 bis 30 Minuten bei 180 °C auf der mittleren Schiene im Ofen backen.

TIPP VON TIMO: Wer es schärfer mag, kann auch eine kleine Chili fein würfeln und in der Pfanne mit dem übrigen Gemüse andünsten. Um Kinder für die gemüsereiche Tarte zu begeistern, kann auch jedes Familienmitglied sein Lieblingsgemüse beisteuern.

Tomaten-Zucchini-Quiche

Für 1 Quicheform,
ca. 28 cm Durchmesser
Foto auf Seite 4
Zubereitung: 20 Minuten
Garzeit: 45 Minuten

Blätterteig, ca. 270 g
1–2 kleine Zucchini,
   ca. 300–350 g
250 g Tomaten
2 Zwiebeln
150 g gekochter Schinken
2 EL Öl
200 ml Milch
3 Eier
Salz, weißer Pfeffer
½ Bund Petersilie
Blättchen von einigen
   Zweigen Thymian
100 g Gouda, gerieben

1 \\ Den Backofen auf 200 °C Ober- und Unterhitze vorheizen. Die Form mit etwas Butter fetten und den Blätterteig vorsichtig hineindrücken. Überstehende Ränder einfach nach innen umklappen.

2 \\ Das Gemüse waschen und in Scheiben schneiden. Die Zwiebeln schälen, halbieren und in Spalten schneiden. Den Schinken würfeln.

3 \\ Das Öl in der Pfanne erhitzen und die Zwiebeln darin andünsten.

4 \\ Milch und Eier mit dem Handmixgerät miteinander verquirlen und mit Salz und Pfeffer kräftig abschmecken. Die Kräuter waschen, fein hacken und hinzufügen.

5 \\ Zucchini, Tomaten, Zwiebeln und Schinken auf dem Blätterteig verteilen, mit der Eier-Milchmasse übergießen. Zuletzt den Käse darüber streuen.

6 \\ Im Ofen ca. 45 Minuten auf der mittleren Schiene bei 200 °C goldbraun backen.

Spargelquiche

Für 1 Quicheform,
ca. 28 cm Durchmesser
Zubereitung: 15 Minuten
Garzeit: 4 + 40 Minuten

Öl zum Einfetten
Blätterteig, ca. 270 g
500 g grüner Spargel
125 g Cocktailtomaten

FÜR DEN GUSS
4 Eier
300 g Sahne
4 EL Parmesan, gerieben
200 g Frischkäse
1 EL Oreganoblättchen,
   gehackt
Salz, Pfeffer
Muskatnuss, frisch gerieben

1 \\ Den Ofen auf 200 °C Ober- und Unterhitze vorheizen. Die Quicheform mit Öl auspinseln. Den Blätterteig rund ausrollen und die Form damit auskleiden, dabei den Rand leicht überstehen lassen.

2 \\ Den Spargel waschen, schälen, die holzigen Enden abschneiden und die Stangen in ca. 4 cm große Stücke schneiden. In kochendem Salzwasser für ca. 4 Minuten garen, herausnehmen, abschrecken und abtropfen lassen.

3 \\ Die Tomaten waschen, putzen und halbieren.

4 \\ Die Eier mit Sahne und 2 EL Parmesan verrühren. Den Frischkäse dazugeben, mit Oregano, Salz, Pfeffer und Muskat würzen.

5 \\ Den Spargel in der Form verteilen. Den Eierguss über den Spargel geben und mit Tomaten belegen. Mit 2 EL Parmesan bestreuen und ca. 40 Minuten auf der mittleren Ofenschiene goldbraun backen.

TIPP VON CHRISTINE: Eine sehr feine Variante bekommt man, wenn man noch 200 g Räucherlachs und einen Spritzer Zitronensaft dazu gibt und dafür die Cocktailtomaten weg lässt. Oft gebe ich zu dieser Variation noch etwas gehackten Dill.

Thunfisch-Tarte

**Für 1 Tarteform,
ca. 28 cm Durchmesser**
Zubereitung: 15 Minuten
Garzeit: 30 Minuten

400 g Thunfisch in Öl
    aus der Dose
50 g Cocktailtomaten
Blätterteig, ca. 270 g
Butter zum Einfetten
2 EL Senf
2 EL Frischkäse

FÜR DEN GUSS

4 Stängel Basilikum
4 Eier
100 ml Vollmilch
200 g Sahne
100 g Gouda, gerieben
Salz, Pfeffer
1 kleine rote Zwiebel

**1 ** Den Backofen auf 200 °C Ober- und Unterhitze vorheizen.

**2 ** Den Thunfisch abtropfen lassen und die Tomaten waschen, trocknen und halbieren.

**3 ** Den Blätterteig in eine mit Butter leicht gefettete Tarteform legen und mit der Gabel mehrmals einstechen. Senf und Frischkäse miteinander vermischen, den Teigboden dünn damit bestreichen und den Thunfisch darauf verteilen.

**4 ** Die Basilikumblätter waschen, abtrocknen und hacken. Die Eier mit Milch und Sahne verquirlen, Basilikum und Käse dazugeben. Mit Salz und Pfeffer abschmecken. Die Zwiebel häuten, in kleine Würfel schneiden und zugeben.

**5 ** Den Guss auf den belegten Teigboden gießen und mit den Tomatenhälften belegen.

**6 ** Die Thunfisch-Tarte ca. 30 Minuten auf der mittleren Backschiene bei 180 °C backen und warm oder kalt servieren.

TIPP Als Variante ersetzen wir den Thunfisch manchmal auch durch Lachs.

Brokkoli-Karotten-Quiche

Für 1 Quicheform,
ca. 28 cm Durchmesser
Zubereitung: 15 Minuten
Garzeit: 10 + 30–40 Minuten

Butter zum Einfetten
1 Rolle Blätterteig, ca. 270 g
300 g Brokkoli
300 g Karotten
1 EL Gemüsebrühpulver

FÜR DEN GUSS
4 Zweige Thymian
3 Eier
100 g Crème fraîche
180 ml Milch
Muskat, Salz, Pfeffer,
150 g geriebener Käse, z. B.
  Gouda oder Emmentaler

1 \\ Den Backofen auf 200 °C Ober- und Unterhitze vorheizen.

2 \\ Eine Quicheform leicht mit Butter fetten und mit Blätterteig auslegen.

3 \\ Den Brokkoli waschen und in kleine Röschen teilen. Die Möhren schälen und in feine Scheiben schneiden. Möhren 10 Minuten in kochendes, mit der Gemüsebrühe gewürztes Wasser geben, in den letzten 5 Minuten den Brokkoli dazugeben. Beides gut abtropfen lassen und auf dem Blätterteig verteilen.

4 \\ Für den Guss den Thymian waschen und die Blätter vom Stiel zupfen.

5 \\ Eier, Crème fraîche und Milch miteinander verrühren. Kräftig würzen, Thymian und Käse unterrühren. Den Guss über dem Gemüse verteilen.

6 \\ Die Quiche 30 bis 40 Minuten auf der mittleren Backschiene im Ofen backen, bis die Masse goldbraun ist.

TIPP Wenn es schnell gehen muss, ersetze ich das Gemüse durch Tiefkühlgemüse und gebe dieses unaufgetaut direkt auf den Teig. Wer es herzhafter mag, gibt noch 100 g gewürfelten Schinken dazu.

Tomatenquiche mit Basilikum

Für 1 Quicheform,
ca. 26 cm Durchmesser
Zubereitung: 15 Minuten
Garzeit: 30–35 Minuten

Butter zum Einfetten
Blätterteig, ca. 270 g
300 g Kirschtomaten

FÜR DEN GUSS
1/2 Topf Basilikum
1 kleine Zwiebel
200 g Schmand
4 Eier
60 g Parmesan, gerieben
Salz, Pfeffer, etwas Chili

**1 ** Den Ofen auf 200 °C Ober- und Unterhitze vorheizen.

**2 ** Die Quicheform dünn einfetten, den Blätterteig in Form rollen und hineinlegen.

**3 ** Die Tomaten waschen, trocknen und auf dem Blätterteig verteilen.

**4 ** Basilikum waschen, ausschütteln, die Blätter abzupfen und in feine Streifen schneiden.

**5 ** Die Zwiebel schälen und fein würfeln.

**6 ** Schmand, Eier, Zwiebel, Basilikum und Parmesan mit dem Handrührgerät miteinander verrühren. Kräftig mit Chili, Salz und Pfeffer abschmecken.

**7 ** Den Guss über die Tomaten geben und die Quiche im Ofen 30 bis 35 Minuten auf der mittleren Backschiene backen.

**8 ** Mit einigen Basilikumblättern garniert servieren.

TIPP Als Partyhäppchen kann man diese Quiche statt in einer großen Form auch in kleinen Muffinförmchen backen. In diesem Fall verringert sich die Garzeit auf ca. 25 Minuten.

Blätterteigtaschen mit Lachs, Frischkäse & Pesto

Für 4 Portionen
Zubereitung: 20 Minuten
Garzeit: 20 Minuten

FÜR DIE FRISCHKÄSECREME

150 g Frischkäse
1 EL Zitronensaft
2 EL Dill, gehackt
Salz, Pfeffer

FÜR DAS PESTO

20 g Pinienkerne
1 Knoblauchzehe
¼ Teelöffel Salz
25 g Dill, gehackt
25 g Parmesan, gerieben
60 g natives Olivenöl

SOWIE

1 Rolle Blätterteig, ca. 275 g
200 g Räucherlachs
1 Eigelb

**1 ** Den Ofen auf 220 °C Ober- und Unterhitze vorheizen. Ein Backblech mit Backpapier auslegen und mit Wasser besprenkeln.

**2 ** Für die Creme Frischkäse, Zitronensaft und gehackten Dill miteinander verrühren. Mit Salz und Pfeffer abschmecken.

**3 ** Für das Pesto die Pinienkerne kurz in einer Pfanne ohne Zugabe von Fett anrösten. Kurz abkühlen lassen. Die Knoblauchzehe schälen und zusammen mit Pinienkernen, Salz, Dill, Parmesan und Olivenöl in ein schmales Gefäß füllen und mit dem Pürierstab fein pürieren.

**4 ** Den Blätterteig mit einem scharfen Messer in 4 gleich große Stücke schneiden. Auf der Hälfte von jedem Stück die Frischkäsecreme verteilen. Den Lachs in vier Portionen aufteilen und auf den Frischkäse legen. Mit dem Pesto bedecken.

**5 ** Den Blätterteig zuklappen und mit der Gabel die Ränder festdrücken. Anschließend mit dem Eigelb bepinseln. Die Seitenränder dabei aussparen.

**6 ** Die Temperatur auf 200 °C zurückdrehen und die Taschen für ca. 20 Minuten im vorgeheizten Ofen auf der mittleren Schiene backen.

TIPP Zu diesem Gericht passen sehr gut duftender Basmati- oder Jasminreis sowie ein Gurkensalat. Das Pesto hält sich mit Öl bedeckt mehrere Wochen im Kühlschrank. Sehr gut kann man gleich die doppelte Menge machen und einen Teil auf Vorrat behalten. Sie können aber auch gekauftes Pesto nehmen. Besonders saftig werden die Blätterteigtaschen, wenn man auf den Lachs noch frische Tomatenscheiben legt.

Mexikanische Blätterteig-Tüten

Für 10 Stück
Foto auf Seite 6
Zubereitung: 25 Minuten
Garzeit: 10 + 15 Minuten

Blätterteig, ca. 450 g
1 Dose Mais mit Kidney-
   bohnen, 425 ml
1 Zwiebel
125 g Fetakäse
300 g gemischtes Hack
1 EL Öl
3 EL Tomatenmark
Salz, Pfeffer
100 g + 50 g Schmand
1 Eigelb
100 g Gouda, gerieben

1 \\ Den Ofen auf 200 °C Ober- und Unterhitze vorheizen und zwei Bleche mit Backpapier auslegen und mit Wasser besprenkeln.

2 \\ Die Mais-Bohnenmischung im Sieb abspülen und abtropfen lassen. Die Zwiebel schälen und fein würfeln. Den Feta zerbröseln.

3 \\ Das Öl in eine Pfanne geben und das Hack darin anbraten. Die Zwiebelwürfel kurz mitanbraten. Das Tomatenmark dazugeben und anschwitzen. Mit Salz und Pfeffer würzen. Maismischung, 100 g Schmand und Feta unterrühren und etwas abkühlen lassen.

4 \\ Den Teig ausrollen und in zehn gleich große Quadrate schneiden und auf zwei Backblechen mit Abstand verteilen. Auf jeweils eine diagonale Hälfte die Hackmischung verteilen. Den Teig so zusammenschlagen, dass er eine Tüte bildet. Die Ränder dabei leicht zusammendrücken.

5 \\ Die Tüten mit verquirltem Eigelb bestreichen, mit Gouda bestreuen und ca. 15 Minuten im Ofen auf der oberen und unteren Schiene backen. Fünf Minuten vor Ende der Backzeit die Bleche tauschen.

6 \\ Den restlichen Schmand auf der Füllung verteilen und sofort servieren.

TIPP Wer es schärfer mag, gibt noch eine klein geschnittene Chili in die Hack-Mischung dazu.
Vegetarisch wird das Gericht, wenn man das Hack durch die gleiche Menge an Sojaschnetzeln ersetzt.

Zucchini-Feta-Teilchen

Für 12 Stück
Zubereitung: 15 Minuten
Garzeit: 15–20 Minuten

Blätterteig, ca. 270 g
1 kleine Zucchini
300 g Cocktailtomaten
50 ml Olivenöl
1 Handvoll Basilikum
einige Zweige Thymian
1 Knoblauchzehe
100 g Feta
30 g Pinienkerne
grobes Salz, Pfeffer

1 \\ Den Ofen auf 200 °C Ober- und Unterhitze vorheizen. Zwei Backbleche mit Backpapier auslegen und mit Wasser besprenkeln.

2 \\ Den Blätterteig vorsichtig ausrollen, in 12 gleich große Teile schneiden und auf das Backpapier legen.

3 \\ Zucchini und Tomaten waschen, trocknen und in dünne Scheiben schneiden.

4 \\ Die Kräuter waschen, trocknen, fein hacken und mit dem Olivenöl vermischen. Die Knoblauchzehe schälen und zerdrücken und ebenfalls unter das Kräuteröl mischen.

5 \\ Diese Mischung auf einer Hälfte der Blätterteigstücke verteilen. Dann die Gemüsescheiben darauf verteilen und mit der zweiten Hälfte bedecken.

6 \\ Den Feta zerkrümeln und darauf verteilen. Die Pinienkerne in einer Pfanne anrösten und über die Teilchen geben. Mit Salz und Pfeffer bestreuen.

7 \\ Die Teilchen auf der unteren und oberen Schiene für 15–20 Minuten bei 180 °C backen, bis sie goldbraun sind. Fünf Minuten vor Ende der Backzeit die Bleche einmal tauschen.

TIPP Ein Super-Sommer-Snack, der sich durch die Ergänzung von ca. 100 g gebratenem Hackfleisch auch in eine herzhaftere Variante umwandeln lässt.

Champignon-Käse-Muffins

Für ca. 12 Stück
Zubereitung: 15 Minuten
Garzeit: 15–20 Minuten
Abkühlzeit: 8 Minuten

Butter zum Einfetten
Blätterteig, ca. 200 g
3–4 braune Champignons
1 EL Tomatenmark
80 g Sahne
Salz, Pfeffer, Paprika edelsüß
Muskatnuss
1 Ei
80 g Reibekäse
2 EL Parmesan, gerieben
etwas frischer Rosmarin

1 \\ Den Ofen auf 200 °C Ober- und Unterhitze vorheizen und zwei Muffinbleche einfetten.

2 \\ Den Blätterteig ausrollen und ca. 12 Kreise von ca. 10 cm Durchmesser ausstechen. Die Kreise in die Muffinförmchen legen und mit einer Gabel den Boden einstechen, damit beim Backen die Luft entweichen kann und der Teig nicht aufplatzt.

3 \\ Die Champignons putzen, in kleine Würfel schneiden und in den Muffinförmchen verteilen.

4 \\ Tomatenmark, Sahne, Gewürze, Ei und Reibekäse miteinander verrühren und über die Champignons verteilen. Den Parmesan darüber streuen.

5 \\ Die Temperatur auf 180 °C zurückdrehen und die Muffins ca. 15 bis 20 Minuten backen. Kurz abkühlen lassen und aus der Form lösen. Mit etwas frischem Rosmarin dekorieren und fertig.

TIPP Wer mag, schneidet noch etwas Chorizo, Salami oder Schinken hinein oder ergänzt mit etwas Feta. Hier lassen sich Reste prima verwerten!

Mini-Pizzen mit Shrimps & Spinat

Für ca. 8 Stück
Zubereitung: 20 Minuten
Garzeit: 20 Minuten

200 g TK-Knoblauch-Shrimps,
    geschält
Blätterteig, ca. 270 g
200 g TK-Blattspinat
1 mittelgroße Zwiebel
1 Knoblauchzehe
2 EL Öl
2 EL Tomatenmark
150 g passierte Tomaten
Oregano, Pfeffer, Salz
1 Kugel Mozzarella, ca. 125 g

1 \\ Die Shrimps auftauen lassen.

2 \\ Den Backofen auf 200 °C Ober- und Unterhitze vorheizen. Zwei Backbleche mit Backpapier auslegen und mit Wasser besprenkeln.

3 \\ Den Blätterteig leicht ausrollen und in 8 etwa gleich große Kreise ausstechen.

4 \\ Zwiebel und Knoblauch häuten und in feine Würfel schneiden. Beides in 2 EL heißem Öl andünsten. Den Spinat hinzugeben und zusammenfallen lassen. Mit Salz und Pfeffer würzen. Den Spinat etwas abtropfen lassen.

5 \\ Tomatenmark und passierte Tomaten verrühren und mit Oregano, Salz und Pfeffer abschmecken. Auf den Blätterteigstücken verteilen.

6 \\ Den Mozzarella in kleine Stücke schneiden.

7 \\ Die Spinatmischung auf die Tomatenmasse geben. Mit Shrimps und Mozzarella belegen und die Pizzen ca. 20 Minuten auf der oberen und unteren Backschiene backen. Fünf Minuten vor Ende der Backzeit die Position der Bleche einmal tauschen.

TIPP Hier können die Tiefkühlprodukte natürlich auch gegen frische ersetzt werden. Frischer Spinat muss natürlich noch geputzt werden.

Party-Schiffchen mit Hackfleischfüllung

Für 1 Backblech
Zubereitung: 25 Minuten
Garzeit: 25–30 Minuten

1 Zwiebel
1 Knoblauchzehe
4 Tomaten
1 rote und 1 gelbe Paprika
1 EL Öl
500 g gemischtes Hackfleisch
1 EL Tomatenmark
Salz, Pfeffer, Oregano
250 g Mozzarella
1 Eigelb mit 2 EL Milch
  verquirlt
Blätterteig, ca. 500–550 g

1 \\ Den Backofen auf 220 °C vorheizen, ein Backblech mit Backpapier auslegen und mit Wasser besprenkeln.

2 \\ Die Zwiebel schälen und fein würfeln. Den Knoblauch ebenfalls schälen. Die Tomaten und die Paprika waschen. 2 Tomaten und die beiden Paprika fein würfeln.

3 \\ In einer Pfanne das Öl erhitzen und die Zwiebel darin glasig dünsten. Den Knoblauch dazu pressen. Das Hackfleisch ebenfalls hinzufügen und kräftig anbraten. Das Tomatenmark hinzufügen und kurz vermengen. Tomaten- und Paprikawürfel zugeben und kurz mitanbraten. Würzen.

4 \\ Die übrigen Tomaten und die Mozzarella in dünne Scheiben schneiden.

5 \\ Den Blätterteig leicht ausrollen und einzelne Schiffchen daraus formen und diese mit etwas Abstand zueinander auf das Backblech setzen. Tipp: Zum Formen drückt man die beiden Enden so zusammen, dass sie eine Spitze formen. Mit der Hackfleischmischung füllen und jeweils eine Scheibe Tomate und eine Scheibe Mozzarella darauf setzen.

6 \\ Die Ränder mit dem verquirlten Eigelb bestreichen.

7 \\ Die Ofentemperatur auf 180 °C zurückdrehen und die Schiffchen für ca. 25 bis 30 Minuten auf der mittleren Schiene backen, bis sie goldbraun sind.

TIPP Vegetarier auf der Party? Die Füllung lässt sich auch mit Sojaschnetzeln als Alternative zu Hackfleisch zubereiten. Oder man lässt für die Hälfte der Schiffchen das Hackfleisch weg und ersetzt dieses durch Gemüse und Oliven.

Kabanossi in Blätterteig

Für 12 Stück
Zubereitung: 20 Minuten
Garzeit: 15 Minuten

150 g Mini-Kabanossi
1 Zwiebel
1 EL Öl
3 Knoblauchzehen
1 rote Paprika
2 Zweige Thymian
1 EL Senf
2 EL Tomatenmark
150 g Schinkenwürfel
1 Eigelb mit 2 EL Milch
   verquirlt
Salz, Pfeffer
Blätterteig, ca. 540 g

**1 ** Den Backofen auf 200 °C vorheizen und zwei Backbleche mit Backpapier auslegen und mit Wasser besprenkeln.

**2 ** Die Mini-Kabanossi in dünne Scheiben schneiden, die Zwiebel schälen und fein würfeln. Den Knoblauch ebenfalls schälen. Die Paprika waschen, trocknen und fein würfeln. Die Thymianblättchen von den Zweigen abzupfen.

**3 ** Den Blätterteig ausrollen und in zwölf ca. 12,5 cm x 12,5 cm große Quadrate schneiden.

**4 ** Die Zwiebel in der Pfanne mit etwas Öl dünsten, den Knoblauch dazu pressen und mitdünsten. Schinkenwürfel und Kabanossi zugeben und kurz anbraten.

**5 ** Die Paprika dazugeben und 5 Minuten dünsten.

**6 ** Senf, Tomatenmark und Thymian einrühren, mit Pfeffer und Salz würzen und abschmecken.

**7 ** Die Masse abkühlen lassen.

**8 ** Die Hälfte des Blätterteigs mit der Masse belegen, dabei darauf achten, dass ein ca. 1–2 cm breiter Rand frei bleibt. Die Füllung mit den restlichen Teigstücken bedecken und mit einer Gabel die Ränder zusammendrücken.

**9 ** Die Blätterteigteilchen auf die Backbleche legen und mit der Eigelb-Milch-Mischung einpinseln.

**10 ** Die Ofentemperatur auf 180 °C Ober-/Unterhitze zurückschalten und die Teilchen für ca. 15 Minuten auf der oberen und unteren Backschiene backen, bis sie goldbraun sind. Fünf Minuten vor Ende der Backzeit einmal die Position der Bleche tauschen. Heiß oder kalt genießen.

Schinkenkissen

Für 12 Stück
Zubereitung: 20 Minuten
Garzeit: 30 Minuten

ca. 700 g Blätterteig
300 g Schweinelende
1 Zwiebel
1 EL 6-Kräuter-Mischung,
    alternativ Petersilie
100 g Erbsen
1 EL Olivenöl
Salz
Pfeffer, frisch gemahlen
2 EL Paprikapulver edelsüß
12 Scheiben Schinken
1 Eigelb mit 2 EL Milch
    verquirlt

1 \\ Den Backofen auf 220 °C Ober-/Unterhitze vorheizen und zwei Backbleche mit Backpapier auslegen und mit Wasser besprenkeln.

2 \\ Den Blätterteig ausrollen und 24 Kreise mit einem Durchmesser von 10 cm ausstechen, 12 Kreise leicht ausrollen, sie bilden die etwas größeren Deckel der Kissen. Die Blätterteigreste zusammenlegen, wieder ausrollen und restliche Kreise ausstechen.

3 \\ Die Schweinelende in kleine Stücke schneiden. Die Zwiebel schälen und fein würfeln.

4 \\ Schweinelende, Zwiebel, Kräuter, Erbsen und Olivenöl in eine Schüssel geben, gut miteinander vermischen und mit Salz, Pfeffer und Paprika würzen.

5 \\ Die Masse auf den kleineren Teigböden verteilen, dabei darauf achten, dass ein ca. 1 cm breiter Rand frei bleibt. Die Deckel auflegen und mit einer Gabel die Ränder zusammendrücken.

6 \\ Mit einer Gabel die Deckel mehrfach einstechen. Die Blätterteigkissen auf die Backbleche legen und mit der Eigelb-Milch-Mischung einpinseln. Den Schinken auf die Deckel legen.

7 \\ Die Ofentemperatur auf 175 °C Ober-/Unterhitze zurückschalten und die Kissen für ca. 30 Minuten auf der oberen und unteren Backschiene backen. Fünf Minuten vor Ende der Backzeit die Position der Bleche im Ofen tauschen.

Feta-Hackfleisch-Kissen

Für 6 Stück
Zubereitung: 25 Minuten
Garzeit: 10 + 15 Minuten
Abkühlzeit: 20 Minuten

Blätterteig, ca. 540 g
1 Zwiebel
1 Knoblauchzehe
2 EL eingelegte Kräuter-
Knoblauch-Oliven
150 g Fetakäse
250 g gemischtes Hackfleisch
200 g stückige Tomaten
(Fertigprodukt); alternativ
frische Tomaten, in Stücke
geschnitten
3 TL Oregano, getrocknet
Salz, Pfeffer
1 Eigelb mit 2 EL Milch
verquirlt

1 \\ Den Backofen auf 220 °C Ober-/Unterhitze vorheizen und zwei Backbleche mit Backpapier auslegen und mit Wasser besprenkeln.

2 \\ Die Zwiebel schälen und fein würfeln. Den Knoblauch schälen, die Oliven halbieren und den Fetakäse in Würfel schneiden.

3 \\ Das Hackfleisch anbraten, die Zwiebel zugeben, den Knoblauch dazupressen und mitbraten. Die Tomaten zugeben und kurz aufkochen. Mit Oregano, Salz und Pfeffer würzen und weitere 10 Minuten köcheln lassen, dann abschmecken und abkühlen lassen. Nach dem Abkühlen Oliven und Feta unterheben.

4 \\ Den Blätterteig ausrollen und in 12 Quadrate von 12,5 cm x 12,5 cm schneiden. Die Hackfleischmasse auf 6 Böden verteilen, dabei darauf achten, dass ein ca. 1–2 cm Rand frei bleibt. Mit den übrigen 6 Quadraten bedecken und mit einer Gabel die Ränder zusammendrücken.

5 \\ Die Blätterteigteilchen auf die Backbleche legen und mit der Eigelb-Milch-Mischung einpinseln.

6 \\ Die Ofentemperatur auf 175 °C Ober-/Unterhitze zurückschalten und die Kissen für ca. 15 Minuten auf der oberen und unteren Backschiene im Ofen backen. Fünf Minuten vor Ende der Backzeit die beiden Bleche einmal miteinander tauschen.

TIPP Oft ersetzen wir einen Teil des Hackfleischs auch durch frische, gewürfelte Paprika.

Salami-Muffins

Für ein 12er-Muffinblech
Zubereitung: 15 Minuten
Garzeit: 20 Minuten
Stehzeit: 10 Minuten

Blätterteig, ca. 275 g
80 g Salami
100 g Kirschtomaten
2–3 Frühlingszwiebeln
250 ml Milch
3 Eier
Salz, Pfeffer, Muskat,
Paprika edelsüß

**1 ** Den Backofen auf 200 °C Ober- und Unterhitze vorheizen.

**2 ** Aus dem Blätterteig 12 Kreise mit ca. 9 cm Durchmesser ausstechen und in das leicht gefettete 12er-Muffinblech (oder Muffinförmchen) legen.

**3 ** Die Salami in feine Würfel schneiden und auf dem Blätterteig verteilen.

**4 ** Tomaten und Frühlingszwiebeln waschen. Die Tomaten halbieren und die Lauchzwiebeln in feine Ringe schneiden, beides auf den Salamistücken verteilen.

**5 ** Milch und Eier kräftig würzen und verquirlen. Die Mischung in den Mulden verteilen.

**6 ** Das Blech in den Ofen schieben und die Muffins 20 Minuten auf der mittleren Backschiene backen. 10 Minuten abkühlen lassen, dann vorsichtig aus der Form lösen.

TIPP Diese Muffins lassen sich leicht variieren (gute Resteverwertung!). Statt Schinken Salami nehmen oder eine Mischung aus beiden. Und wer Paprika statt Wurst nimmt, hat eine vegetarische Variante.

Gyros-Kissen mit Tsatsiki

Für 4 Portionen
Zubereitung: 35 Minuten
Garzeit: 13–15 Minuten
Kühlzeit: 3–4 Stunden

FÜR DAS TSATSIKI

½ Salatgurke
300 g griechischer Joghurt,
    10 % Fett
2 Knoblauchzehen
1 TL Salz, Pfeffer

FÜR DIE KISSEN

2 Frühlingszwiebeln
3 kleine Tomaten, ca. 100 g
1 Ei
2 Knoblauchzehen
1 EL Olivenöl
300 g Gyros
Salz, Pfeffer
1 EL Tomatenmark
80 g Erbsen, TK oder
    Konserve
Blätterteig, ca. 550 g

TIPP Sie bekommen Gyros im Supermarkt oder beim Fleischer. Aber dieses Rezept ist auch unser Geheimtipp für die Resteverwertung von leckerem Imbiss-Gyros.

1 \\ Für das Tsatsiki die Salatgurke in kleine Würfel schneiden und mit einem Handmixer grob pürieren. Das Salz zugeben und 15 Minuten einwirken lassen.

2 \\ Den Joghurt in eine Schüssel geben. Den Knoblauch schälen und in den Joghurt pressen. Die Gurke in ein feines Sieb geben und den Gurkensaft abtropfen lassen.

3 \\ Den Gurkenrückstand zum Joghurt geben, alles gut verrühren und mit Salz und Pfeffer würzen. Idealerweise 3 bis 4 Stunden im Kühlschrank durchziehen lassen.

4 \\ Den Backofen auf 220 °C Ober- und Unterhitze vorheizen und zwei Backbleche mit Backpapier auslegen und mit Wasser besprenkeln.

5 \\ Frühlingszwiebeln und Tomaten klein schneiden, den Knoblauch schälen und das Ei verquirlen. Das Öl in einer Pfanne erhitzen, den Knoblauch schälen, auspressen und kurz andünsten. Die Frühlingszwiebeln dazugeben und mitdünsten. Das Gyros zufügen und anbraten.

6 \\ Die Tomaten zugeben und 5 Minuten köcheln, bis die Flüssigkeit weitgehend eingekocht ist. Mit Salz und Pfeffer würzen. Tomatenmark und Erbsen zugeben, gut umrühren und abkühlen lassen.

7 \\ Den Blätterteig ausrollen und in zwölf ca. 12 cm x 13 cm große Rechtecke schneiden. Die abgekühlte Masse auf die Hälfte der Teigplatten verteilen, dabei rundum einen Rand von 1,5 bis 2 cm frei lassen.

8 \\ Mit den übrigen Blätterteigstücken bedecken und die Ränder mit einer Gabel zusammendrücken. Die Deckel im Abstand von ca. 1,5 cm längs einschneiden und die Blätterteigteilchen mit dem verquirlten Ei bestreichen.

9 \\ Die Ofentemperatur auf 200 °C Ober-/Unterhitze zurückschalten und die Gyros-Kissen 13 bis 15 Minuten auf der oberen und unteren Backschiene backen. Fünf Minuten vor Ende der Backzeit die Position der Bleche im Ofen tauschen. Mit Tsatsiki servieren.

Hotdogs mit Ketchup-Sauce

Für 8 Stück
Zubereitung: 15 Minuten
Garzeit: 10–12 Minuten

FÜR DIE SAUCE
1 EL Öl
2 Tomaten, ca. 80 g
10 Zweige Basilikum
2 Zweige Thymian
1 kleine Zwiebel
150 g Ketchup
Salz, Pfeffer
1 Messerspitze Kreuzkümmel

FÜR DIE HOTDOGS
Blätterteig, ca. 275 g
50 g Ketchup
2 EL Senf
4 EL Röstzwiebeln
4 Wiener Würstchen
1 Ei, verquirlt
50 g Gouda, gerieben

**1 ** Für die Sauce die Tomaten klein schneiden, die Basilikumblätter fein hacken und die Thymianblättchen von den Zweigen zupfen. Die Zwiebel schälen und klein schneiden. Tomaten, Basilikum, Thymian, Zwiebel, Öl und Ketchup gut miteinander verrühren, mit Salz, Pfeffer und Kreuzkümmel würzen.

**2 ** Den Backofen auf 200 °C Ober- und Unterhitze vorheizen und zwei Bleche mit Backpapier auslegen und mit Wasser besprenkeln.

**3 ** Den Blätterteig in 8 gleich große Rechtecke schneiden und mit Ketchup und Senf bestreichen, dabei darauf achten, dass rundum ein ca. 1 cm breiter Rand frei bleibt.

**4 ** Die Röstzwiebeln aufstreuen. Die Wiener halbieren, jeweils eine Hälfte quer über eine Blätterteigecke legen und zusammenrollen. Die Hotdogs mit Ei bestreichen und mit Käse überstreuen.

**5 ** Die Hotdogs 10 bis 12 Minuten im Backofen bei 200 °C Ober- und Unterhitze auf der oberen und unteren Backschiene backen. Fünf Minuten vor Ende der Backzeit die Position der Backbleche einmal im Ofen tauschen. Mit der Sauce servieren.

TIPP Für einen amerikanischen Touch sind Pommes oder Kartoffel-Wedges die perfekte Ergänzung. Für die Wedges werden 1 kg festkochende Kartoffeln gewaschen und geviertelt. Anschließend werden sie mit 2 EL Öl und Paprikapulver mariniert und auf einem Backblech verteilt. Grobes Salz und einigen Zweigen Rosmarin darüber streuen und bei ca. 200 °C 40 Minuten im Ofen backen.

Türkische Blätterteig-Pide

Für 4 Stück
Zubereitung: 25 Minuten
Garzeit: 15–20 Minuten

1 Stange Lauch
etwas Öl
1 TL Senf
Blätterteig, ca. 270 g
100 g Kirschtomaten
12 Oliven
150 g Feta
1 Ei
1 TL Paprikapulver edelsüß
Salz, Pfeffer
1–2 EL Sesam
4 eingelegte, milde Paprika

1 \\ Den Backofen auf 200 °C Ober- und Unterhitze vorheizen. Den Lauch putzen und in feine Ringe schneiden. Das Öl in der Pfanne erhitzen und den Lauch darin anbraten. Den Senf dazugeben und mit ca. 50 ml Wasser ablöschen. Mit Salz und Pfeffer würzen und alles kurz einkochen lassen. Danach etwas abkühlen lassen.

2 \\ Den Blätterteig leicht ausrollen und quer in vier gleich große Streifen, ca. 25 cm Länge, schneiden. Diese auf ein mit Backpapier ausgelegtes Backblech legen.

3 \\ Die Tomaten waschen und halbieren. Die Oliven in Scheiben schneiden. Den Feta zerbröseln und mit dem Ei unter den Lauch mischen. Die Masse kräftig mit Paprikapulver, Pfeffer und Salz würzen und auf dem Blätterteig so verteilen, dass rundum ein Rand von 2 cm frei bleibt.

4 \\ Tomaten, Oliven und eingelegte Paprika darauf verteilen und den Blätterteig zu Schiffchen formen. Die Ränder mit Wasser bestreichen und mit Sesam bestreuen.

5 \\ 15 bis 20 Minuten auf der mittleren Schiene backen.

TIPP Die Pide lassen sich mit Paprika, gebratenem Hackfleisch oder Lauchringen variieren. Beim gemeinsamen Kochen macht es Spaß, wenn jeder nach seinem Geschmack belegt.

Kirsch-Quark-Taschen

Für ca. 9 Stück
Zubereitung: 20 Minuten
Garzeit: 20 Minuten
Abkühlzeit: 50 Minuten

Blätterteig, ca. 270 g
125 g Quark, 20 % Fett
50 g Zucker
1 Ei
18 g Vanillepuddingpulver
100 g Kirschen aus dem Glas
1 EL Kirschsaft + 2 EL Kirsch-
    saft für den Zuckerguss
1 Eigelb zum Bepinseln
80 g Puderzucker

**1 ** Den Ofen auf 200 °C Ober- und Unterhitze vorheizen. Zwei Backbleche mit Backpapier auslegen und mit Wasser besprenkeln.

**2 ** Den Blätterteig vorsichtig ausrollen und ca. 18 Kreise mit 9 cm Durchmesser ausstechen. Neun auf das Backpapier legen.

**3 ** Den Quark mit Zucker, Ei, 1 EL Kirschsaft und Vanillepuddingpulver gut verrühren. Diese Mischung in die Mitte der Kreise auf den Backblechen setzen. Die Kirschen gleichmäßig darauf verteilen.

**4 ** Jeweils einen Kreis darüber decken und vorsichtig die Ränder mit einer Gabel festdrücken, dann mit Eigelb bestreichen, dabei die Ränder aussparen.

**5 ** Die Taschen auf der oberen und unteren Backschiene ca. 20 Minuten bei 180 °C backen, bis sie goldbraun sind. Dabei die Bleche fünf Minuten vor Ende der Backzeit einmal tauschen.

**6 ** Auskühlen lassen. Puderzucker und 1–2 EL Kirschsaft zu einem Guss verrühren. Diesen auf den Teilchen verteilen und fest werden lassen.

TIPP Erfunden hat dieses Rezept Julian. In der Deluxe-Variante ersetze ich den Quark durch Mascarpone.

Beerenkörbchen

Für eine 12er-Muffinform
Zubereitung: 15 Minuten
Garzeit: 15 Minuten
Abkühlzeit: 45 Minuten

Butter zum Einfetten
Blätterteig, ca. 270 g
10 g Puderzucker
ca. 40 g Sahne
1 Eigelb
3 EL Aprikosenmarmelade
Vanille, z. B. aus der
   Vanillemühle

FÜR DEN BELAG
ca. 150 g Beeren, gewaschen
   (z. B. Him-, Brom- oder
   Blaubeeren)
Puderzucker

1 \\ Den Ofen auf 200 °C Umluft vorheizen und ein Muffinblech dünn mit Butter einfetten.

2 \\ Aus dem Blätterteig 12 Kreise von ca. 8 cm Durchmesser ausstechen. Die Kreise vorsichtig in die Mulden legen und mit der Gabel den Boden einstechen.

3 \\ Puderzucker, Sahne, Eigelb und Marmelade miteinander verrühren und ein wenig Vanille dazugeben. Diese Masse auf die Förmchen verteilen, so dass der Boden jeweils dünn bedeckt ist.

4 \\ Die Ofentemperatur auf 180 °C Ober- und Unterhitze zurückdrehen und die Blätterteigkörbchen ca. 15 Minuten lang auf der mittleren Backschiene backen, bis der Teig leicht gebräunt ist.

5 \\ Die Beeren putzen, waschen, trocknen.

6 \\ Die Teigkörbchen aus dem Ofen nehmen und direkt in jedes Körbchen einige Beeren zart hineindrücken. Kurz abkühlen lassen und die Körbchen vorsichtig aus den Mulden lösen. Nach dem vollständigen Auskühlen großzügig mit Puderzucker bestäuben.

Erdbeertaschen mit weißer Schokolade

Für 8 Taschen
Zubereitung: 15 Minuten
Garzeit: 15–18 Minuten
Abkühlzeit: 50 Minuten

1 Blätterteig, ca. 270 g
8 TL Erdbeermarmelade
100 g weiße Schokolade
ca. 150 g Erdbeeren
1 Eigelb, verquirlt

**1 ** Den Backofen auf 220 °C vorheizen und zwei Backbleche mit Backpapier auslegen und mit Wasser besprenkeln.

**2 ** Den Blätterteig ausrollen und in 8 gleichmäßige Rechtecke teilen.

**3 ** Auf eine Hälfte des Rechtecks mittig je einen Teelöffel Erdbeermarmelade geben.

**4 ** Die weiße Schokolade hacken. Die Hälfte davon auf der Erdbeermarmelade verteilen.

**5 ** Die Erdbeeren putzen, waschen, trocknen und in kleine Stücke schneiden. Die Stücke auf der Schokolade verteilen.

**6 ** Vorsichtig die leere Teigseite der Teigtasche über die Füllung legen. Mit einer Gabel an den Rändern festdrücken. Die Oberfläche der Teigtaschen mit dem Eigelb bestreichen.

**7 ** Die Ofentemperatur auf 180 °C Ober- und Unterhitze zurückdrehen und die Erdbeertaschen ca. 15 bis 18 Minuten auf der obere und unteren Backschiene backen, bis sie goldgelb sind. Fünf Minuten vor Ende der Backzeit die Position der Bleche tauschen. Auf einem Kuchengitter vollständig auskühlen lassen.

**8 ** Die restliche Schokolade schmelzen und mit Hilfe eines Löffels über den Erdbeertaschen verteilen.

TIPP Entwickelt hat dieses Rezept Elisa. Eine frische Geschmacksnote bekommt man, wenn man unter die Erdbeermarmelade einige Blätter frische, gehackte Minze gibt.

Nussnougat-Stangen

Für 2 Backbleche
Zubereitung: 15 Minuten
Garzeit: 15–18 Minuten
Abkühlzeit: 15 Minuten

1 Rolle Blätterteig, ca. 270 g
ca. 4–6 EL Nussnougatcreme
Puderzucker

1 \\ Den Backofen auf 220 °C vorheizen und zwei Backbleche mit Backpapier auslegen und mit Wasser besprenkeln.

2 \\ Den Blätterteig leicht ausrollen. Auf eine Hälfte Nussnougatcreme streichen.

3 \\ Die andere Hälfte über die bestrichene Seiten geben und leicht andrücken.

4 \\ Nun in ca. 2 cm breite Streifen schneiden. Jeden Streifen an einem Ende festhalten und von der anderen Seite her länglich aufzwirbeln.

5 \\ Auf das Backpapier legen und bei 200 °C ca. 15 bis 18 Minuten auf der oberen und unteren Backschiene backen. Fünf Minuten vor Ende der Backzeit die Position der Bleche im Ofen tauschen.

6 \\ Auskühlen lassen und mit reichlich Puderzucker bestäuben.

TIPP Dies ist Blitzrezept aus drei Zutaten. Man kann die Stangen vor dem Backen auch mit Eigelb bestreichen und mit gehobelten Mandeln bestreuen.

Pudding-Streusel-Stückchen

Für 8 Stück
Zubereitung: 15 Minuten
Garzeit: 15 + 18 Minuten
Abkühlzeit: 1 Stunde

FÜR DEN PUDDING
1 Päckchen Vanillepudding
500 ml Milch
50 g Zucker

Blätterteig, ca. 270 g
100 g Zartbitter-Schoko-
   tropfen (Chunks)
150 g Mehl
75 g Butter
6 EL Zucker
Puderzucker

1 \\ Den Vanillepudding nach Packungsanleitung kochen und etwas abkühlen lassen.

2 \\ Den Backofen auf 220 °C vorheizen und zwei Bleche mit Backpapier auslegen und mit Wasser besprenkeln.

3 \\ Den Blätterteig ausrollen und in 8 gleich große Rechtecke teilen. Diese auf den Blechen mit etwas Abstand verteilen.

4 \\ Den Pudding mittig auf den Blätterteigstückchen verteilen, ringsum einen Rand von ca. 1cm frei lassen.

5 \\ Die Schokoladentropfen auf dem Pudding verteilen.

6 \\ Aus Mehl, Butter und 6 EL Zucker Streusel kneten. Die Streusel über der Puddingmasse verteilen.

7 \\ Die Ofentemperatur auf 180 °C zurückdrehen und die Teilchen für ca. 18 Minuten auf der mittleren Backschiene im Ofen backen, bis Blätterteig und Streusel goldbraun sind. Fünf Minuten vor Ende der Backzeit die Position der Bleche tauschen.

8 \\ Aus dem Ofen nehmen und auf einem Backgitter vollständig auskühlen lassen. Danach großzügig mit Puderzucker bestäuben.

TIPP An Kindergeburtstagen oder auf Festen schneide ich die Pudding-Streusel-Stückchen auch gerne in kleinere Stückchen, so dass sie mit einem Happs im Mund sind.

Rezeptverzeichnis
nach Kapiteln

Alphabetisches Rezeptregister

ÜBER UNS

Rezepte für den Alltag

Gemeinsam in der Küche kochen und backen – für uns sind das Glücks-momente, in denen wir als Familie zusammen aktiv sind. Mit unseren Kin-dern probieren wir viele neue Rezepte aus, erfinden selbst unsere eigenen Kreationen und freuen uns, wenn wir unsere „Erfindungen" dann zusammen probieren. Von klein auf haben unsere Kinder viel geholfen und lieben es, Kartoffeln zu schälen, Kuchen zu backen oder Nachtische zuzubereiten.

Nicht jedes Gemüse wird von jedem gemocht – probiert wird jedoch alles. Und im Laufe der Zeit werden wir Eltern auch geschickter darin, das ein oder andere eher ungeliebte Grünzeug dezent in einem Rezept zu verstecken.

Für unser erstes gemeinsames Kochbuch haben wir darauf geachtet, dass wir nah am Familienalltag der meisten Familien sind: Viele Rezepte enthal-ten Zutaten, die in der Regel im Haushalt vorrätig sind oder die sehr einfach ausgetauscht werden können. Oft geben wir Ihnen Tipps für Varianten oder zusätzliche kleine Tricks aus unserem Küchenalltag mit. Ein weiterer für uns wichtiger Punkt: Die meisten Rezepte gehen schnell! Denn wir wissen selbst, wie dankbar Blitzrezepte sind, die keine große Vorbereitung brauchen und auch nach einem langen Arbeitstag für Genuss auf dem Esstisch sorgen.

Wir wünschen Ihnen viel Freude mit unserem Kochbuch. Seien Sie neugierig und probieren Sie sich voller Genuss durch die Rezeptvielfalt!

Christine, Timo, Julian und Elisa

IMPRESSUM

ISBN 978–3-8094–4319–3

1. Auflage

© 2020 by Bassermann Verlag, einem Unternehmen der Penguin Random House Verlagsgruppe GmbH, Neumarkter Straße 28, 81673 München

Umschlaggestaltung: Atelier Versen, Bad Aibling
Herstellung: Elke Cramer
Projektleitung: Anja Halveland
Bildredaktion: Sabine Kestler
Fotografie: Dirk Przibylla, VestaLaurenz Consulterie + Fotografie GmbH, Bochum
Foodstyling: Marc Fleischer
Styling: Melanie Clausen / Dirk Przibylla
Skizze Seite 18: Christine Sinnwell-Backes

Layout und Satz: kreativsatz, Nadine Thiel, Baldham
Reproduktion: Mohn Media Mohndruck GmbH, Gütersloh
Druck: DZS Grafik, d.o.o., Ljubljana

Printed in Slovenia

Penguin Random House Verlagsgruppe FSC® N001967